OBSERVATIONS

SUR

LE MODE DE LIBÉRATION

DE LA FRANCE;

PAR ARMAND SÉGUIN,

CORRESPONDANT DE L'ACADÉMIE ROYALE DES SCIENCES.

Le mieux est souvent l'ennemi du bien.

PARIS,

IMPRIMERIE DE Mme Ve COURCIER.

1818.

OBSERVATIONS

SUR

LE MODE DE LIBÉRATION

DE LA FRANCE.

Franchise est aimant de confiance.

Le Gouvernement se libère, par *amortissement*, des dettes qu'il contracte, par créations et négociations de rentes.

Si ce mode d'emprunt et de libération a été dicté par la nécessité, toute critique sur ses résultats est déplacée, même injuste.

S'il a été préféré à celui des *emprunts remboursables*, on doit penser que les élémens de cette préférence ont dû être les considérations pécuniaire, morale, et de conséquences.

Là cependant ne se sont pas bornées les réflexions.

Suivant les uns, l'amortissement est un puits d'or pour la France.

Suivant d'autres, c'est son tombeau financier.

Malheureusement, les controverses à ce sujet ont principalement été fondées sur des bases fausses ou dissemblables.

Elles ont le grave inconvénient d'influencer la confiance, en l'étayant d'appuis fragiles, ou en lui suggérant des doutes.

Il importe donc de ramener à leurs véritables axiomes les résultats comparables des modes de *remboursement et d'amortissement*.

Leurs élémens sont :

Le montant de l'emprunt ;

Son taux d'intérêts ;

La somme annuelle affectée à l'extinction ;

Et le cours, sur la place, de la valeur donnée en paiement du prêt.

Dans le mode de remboursement, l'intérêt de chaque extinction annuelle décharge d'autant les contribuables ; dans l'amortissement, cet intérêt, dont les contribuables restent grevés, augmente ses moyens de libération.

L'importance de cette augmentation dépend du cours auquel l'amortissement fait ses rachats.

Si ce cours s'améliore, le prix des rachats est plus élevé, et, chaque année, leur quotité est moins considérable, d'où résulte, pour la complète libération, une plus longue durée et une plus forte dépense.

L'éventualité de ce cours range l'amortissement dans la classe des spéculations hasardeuses, aux chances desquelles l'emprunteur et le prêteur ne se soumettent, qu'en raison de la nécessité, ou de leur genre de croyance.

Ce ne sera donc qu'à l'époque de notre complète libération, que nous pourrons fixer matériellement ses résultats pécuniaires; mais, probablement, alors la plénitude de notre bonheur et de notre prospérité écartera de nous la pensée de rechercher si la route qui nous y aura conduit aurait pu être un peu plus courte, un peu moins épineuse.

En attendant, il ne peut qu'être utile d'étayer de principes vrais des opérations aussi sages que bien conçues, qui paraissent avoir même dépassé ce qu'on pouvait raisonnablement espérer.

Un Gouvernement emprunte par nécessité, ou par spéculation :

Par nécessité, lorsque l'excédant de ses recettes, ou de nouvelles taxes, ou la vente, en temps opportun, de ses propriétés, ne peuvent acquitter ses dettes exigibles.

Par spéculation, lorsque les charges de l'emprunt ne dépassent pas les bénéfices de son emploi.

Ce dernier résultat peut avoir lieu :

Si l'emploi de l'emprunt améliore tellement la balance du commerce extérieur, que la part des bénéfices qui en reviennent au Gouvernement excède ses charges d'emprunt;

Si l'intérêt de l'emprunt est inférieur à celui de la dette qu'il doit éteindre.

Malheureusement, ces deux positions ne nous sont pas encore applicables.

Nous ne pourrions donc, raisonnablement, songer à emprunter par spéculation.

La vérité est que nous n'empruntons que par nécessité.

Nous empruntons aux capitalistes, pour payer celles de nos dettes que nous ne pouvons ajourner, et acquitter autrement qu'en écus.

Nous empruntons aux créanciers de l'arriéré, en ajournant et modifiant leur paiement.

En dernier résultat, qui acquittera tous ces emprunts?

Les contribuables.

Mais leur fortune annuelle a pour élémens les produits de l'agriculture, du commerce et des placemens.

On commet donc une erreur grave, lorsqu'en comparant le remboursement à l'amortissement, on fait profiter ce dernier de l'intérêt de ses rachats, et que, par contre, on ne fait pas entrer dans les avantages du remboursement, les intérêts, au même taux, de ses moindres dépenses.

Toute comparaison pécuniaire entre le remboursement et l'amortissement doit avoir pour bases une même somme d'emprunt et une même somme de dotation pour extinction.

Dans le système du remboursement, le taux et les époques d'extinction sont invariables; les chances de l'emprunteur et du prêteur sont absolues.

Dans le système de l'amortissement, le taux et les époques de libération sont variables ; les chances de l'emprunteur et du prêteur sont incertaines.

Dans l'amortissement, la durée d'extinction n'influence pas ses résultats pécuniaires, parce que les intérêts d'une plus longue durée se trouvent compensés par l'intérêt que retire le contribuable du capital qu'il ne donne pas à l'amortissement.

Dans les deux modes de libération, la différence entre les sommes annuelles d'extinction, en supposant égalité dans la dotation, n'influence pas leurs résultats comparatifs, parce que, dans le remboursement, les contribuables profitent, directement, du revenu du capital remboursé, et que, dans l'amortissement, ils profitent, indirectement, du revenu du capital racheté.

Le taux comparatif d'extinction est donc la seule cause des différences pécuniaires qui peuvent exister entre le remboursement et l'amortissement.

Quels que soient les cours, le capital remboursé est, dans le remboursement, toujours égal au capital emprunté.

Avec amélioration du cours, le capital remboursé, par l'amortissement, excède le capital emprunté.

Avec détérioration du cours, le capital remboursé, par l'amortissement, est moindre que le capital emprunté.

Le remboursement présente donc, avec amélioration du cours, plus d'avantage pécuniaire que l'amortissement. Avec détérioration du cours, l'avantage pécuniaire de l'amortissement excède celui du remboursement.

La durée d'extinction par remboursement ne dépendant que du rapport existant entre le montant de l'emprunt et la somme affectée à l'extinction annuelle, tandis que la durée d'extinction par amortissement dépend non-seulement du rapport existant entre le montant de l'emprunt et la somme fixe de dotation annuelle, mais encore du cours de la valeur donnée en paiement de l'emprunt, on conçoit que, soit avec amélioration, soit avec détérioration du cours, il y ait telles combinaisons entre ces rapports et ce cours, que la durée du remboursement soit ou moindre, ou égale, ou plus grande que celle de l'amortissement.

Mais si, dans chacune de ces trois positions, on établit la balance des dépenses du remboursement et de l'amortissement, à l'époque de la moindre durée comparative d'extinction, et si l'on emploie l'excédant de balance, portant intérêt au cours, soit en continuation d'extinction, si le cas y échoit, soit en capitalisation d'intérêts, on aura constamment des résultats qui, sans aucune exception, donneront, dans le cas d'amélioration des cours, un avantage pécuniaire au remboursement sur l'amortissement, et, dans le cas de détérioration des cours, un désavantage pécuniaire au remboursement sur l'amortissement.

C'est parce qu'on n'a pas suivi cette marche, la seule qui puisse conduire à des comparaisons exactes, et qu'on a pris pour bases de comparaison le mouvement et le repos, qu'on a trop souvent présenté dans les deux sens des résultats qui démentaient matériellement l'évidence.

On peut conclure de ces rapprochemens, qu'en rachetant au taux de l'emprunt, les résultats pécuniaires entre le remboursement et l'amortissement doivent être semblables, quoique leur durée soit inégale.

C'est aussi ce que prouve la comparaison numérique.

On peut dès-lors, en prenant comme unité l'amortissement fait au taux de l'emprunt, qui, dans ce cas, équivaut à remboursement, comparer à tous les cours les avantages ou désavantages pécuniaires du remboursement et de l'amortissement.

Les principes que renferme cet ouvrage sont déduits des résultats numériques de ces comparaisons.

Dans le système du remboursement, le prêteur éprouve, par l'amélioration des cours, le désavantage du moindre revenu d'un nouveau placement, au moment du remboursement; ce qui doit le porter à lui faire désirer la détérioration.

Mais comme cette perspective enchaîne nécessairement sa confiance et son abandon, il s'éloignerait du gouvernement emprunteur, au lieu de s'en rapprocher, si des chances de prime ne rétablissaient l'équilibre entre ses désirs et ses craintes; c'est pour cela que tout emprunt remboursable, fait par un gouvernement, est enveloppé de chances de loterie.

Dans le système de l'amortissement, le

prêteur doit désirer l'amélioration des cours, parce qu'elle ne diminue pas les revenus de ses nouveaux placemens; qu'elle consolide sa confiance et son abandon; et qu'elle augmente ses capitaux et ses bénéfices, lorsqu'il veut vendre pour réaliser.

Dans ce système de libération, l'emprunteur, au contraire, éprouve, par l'amélioration des cours, le désavantage de débourser, pour sa complète libération, une somme plus forte que celle qu'il a primitivement reçue.

Il résulterait de ces considérations générales, qu'un Gouvernement emprunteur qui, contrairement à son intérêt bien entendu, ne considérerait que les résultats pécuniaires de ses opérations, devrait, en se libérant par amortissement, désirer la détérioration des cours; mais comme, heureusement, la perte pécuniaire que peut lui faire éprouver, dans une semblable position, leur amélioration, est compensée, souvent même dépassée, par la prospérité générale qui en résulte, il fait preuve de sagesse et de bonne combinaison, en substituant à son intérêt pécuniaire et

absolu, son intérêt de rapports et de conséquences.

L'importance de cette proposition exige
quelques développemens.

La nécessité, unique mobile de nos emprunts, exclut la possibilité de maîtriser les
conditions des négociations. Dans une telle
position, on doit chercher à en atténuer l'inconvénient, en traitant avec des capitalistes
assez honnêtes, assez raisonnables et assez
bons spéculateurs, pour ne pas abuser de cette
nécessité.

On ne pourrait cependant, sans danger, se
faire assez d'illusion pour ne pas être per-
suadé que, dans toute négociation pécuniaire,
l'intérêt est de tous les mobiles celui qui influence le plus la détermination. Tout prêteur
calcule au moins aussi bien ses intérêts que
l'emprunteur peut calculer les siens.

En traitant avec un Gouvernement, les
prêteurs primitifs considèrent moins l'avantage d'un placement durable, que la réalisa-
tion non entravée, et à volonté exécutable,
de leurs capitaux et de leurs bénéfices.

Un Gouvernement ne peut donc espérer
attirer les prêteurs, qu'en leur donnant,

en paiement de leurs prêts, des valeurs facilement réalisables, et en coopérant franchement à leur amélioration.

Le Gouvernement ne pouvait remplir ce double but que par création et négociation de rentes, et libération par amortissement convenablement doté. Il devait d'autant plus s'arrêter à ce mode d'emprunt et de libération, qu'il ne pouvait avoir la certitude absolue de remplir ponctuellement les devoirs que lui aurait imposés le mode de remboursement, et qu'il trouvait, dans l'amortissement, l'avantage, presqu'incalculable, en raison de sa position gênée, de n'être pas lié dans sa libération par des époques fixes; de n'avoir pas à surcharger les contribuables, déjà chargés au maximum; d'améliorer le cours de tous ses effets; d'accroître la prospérité publique; et de trouver, dans ces deux résultats, un juste dédommagement de ses sacrifices.

On peut donc dire, avec conviction, que le mode de libération qu'a adopté le Gouvernement lui était autant commandé par une sage combinaison que par la difficulté de sa position.

A la vérité, par suite de l'amélioration des cours, désirée, on pourrait même presque dire promise, ce mode, isolé de toute autre considération, occasionnera, à la charge du Gouvernement, une perte pécuniaire quelconque.

Cela est incontestable.

Vouloir déguiser ce résultat, serait s'exposer à ébranler les bases réelles de la confiance.

Vouloir aujourd'hui en fixer la quotité, est une prétention au moins intempestive.

Le maximum de cette perte pourrait au surplus s'établir d'avance; mais qui pourrait apprécier les pertes directes et indirectes qui, dans le mode de remboursement, seraient la suite de l'inexécution possible d'engagemens à époques fixes ?

En dernier résultat, on a fait tout ce qu'il était indispensable, tout ce qu'il était possible de faire; voilà ce sur quoi l'impartialité doit être d'accord. Profitons du bien graduel qui en résulte, et ne le troublons pas par la perspective d'un mal que notre imagination peut exagérer, que nos craintes peuvent accroître, que nos critiques ne peuvent diminuer, et qui, probablement, à l'époque où nous pourrons en déterminer la véritable importance, sera amoindri, peut-être même annulé, par les compensations de nos améliorations.

Dans notre position, le Gouvernement emprunteur proclame qu'il désire l'amélioration des cours.

Les résultats ajoutent au poids de ses déclarations.

Les prêteurs doivent d'autant plus désirer cette amélioration, qu'elle assure dans la rentrée de leurs fonds un plus grand bénéfice.

L'amélioration prompte et durable du cours de nos valeurs est donc d'autant plus probable, qu'heureusement notre situation intérieure et nos rapports extérieurs se consolident de jour en jour davantage.

Encore un peu de courage, et nous touchons au port.

ARMAND SEGUIN.